De uforløste følelser 1:

FSC
www.fsc.org
MIX
Papir fra
ansvarlige kilder
Paper from
responsible sources
FSC® C105338

Forlag: Books on Demand – Hellerup, Danmark
Fremstilling: Books on Demand – Norderstedt, Tyskland
Bogen er fremstillet efter on-Demand-proces

ISBN 978-87-4303-177-2

Kai Riesendorf

De uforløste følelser 1

En digtsamling

FORORD:

Vi kender dem alle – de uforløste følelser.

Selv den med det mest hårde hjerte kender dem.

Det er de følelser, som opstår, når vi mindst venter dem.

Mange gange vælger vi at undertrykke følelserne.

Vi ved i vores hjerter, at vi vil tabe anseelse, hvis vi giver udtryk for dem.

I virkelighedens verden betyder fornuften mere end hjertet, når vi skal sikre os selv økonomisk.

Det er nogle af disse uforløste følelser, som jeg vil beskrive med denne digtsamling.

Man kan vel sige, at det er min måde at gennemleve disse følelser på, så jeg bedre kan hvile i mig selv i hverdagen.

Bogen henvender sig til alle os følelsesmennesker, som tænker med hjertet.

Os der har et behov for at vide dybt inde i sig selv, at vi ikke er alene.

Der findes andre derude, som føler på præcis samme måde som os selv.

Indholdsfortegnelse:

Billedet på bogens forside illustrerer det første digt.

OMSLAG:

Jeg har en drøm,

som jeg drømmer om natten.

Jeg er en smuk hvid fugl,

som svæver rundt på himlen.

Mine vinger er bredt ud,

men jeg bruger dem ikke

Min krop føles vægtløs.

De varme luftlag holder mig oppe.

Landskabet folder sig ud under mig.

Alt virker meningsfuldt for mig.

Jeg ser livet i en sammenhæng.

Selv smerten og nederlagene giver mening.

Jeg bliver opfyldt af en lykkefølelse.

Pludselig ændrer scenariet sig.

Jeg befinder mig i et slumkvarter.

De varme luftlag har svigtet mig.

Jeg flakser rundt i de smalle gyder.

Mine vinger kan ikke folde sig ud.

Min vægt holder mig nede.

Den rå virkelighed trænger sig på.

Modløsheden fra omgivelserne kvæler mig.

Jeg kan ikke længere ånde.

Så vågner jeg.

En ny hverdag kræver mig.

EN DAG I NETTO:

Den unge kvinde sidder der så tappert

ved betjeningskassen i Netto

Egentlig vil hun bare passe sit job

men forhindres i det

Kunden skal have penge igen

Hun smiler til kunden

En kundes øjne er hårde

Øjnene er fokuserede

På hvad kunne man spørge?

Kvinden ved det allerede

Svaret er hendes hovedbeklædning

Hun er muslim og bærer hijab

at forklare hjælper intet

Kunden har sin egen forklaring

Hun går videre til næste kunde

Igen er øjnene hårde

Flere hårde øjne følger efter

Hun lukker af for at overleve

Arbejdsdagen er først lige begyndt

I morgen vil hun være tapper igen.

NÅR DE FÅ BEETYDER ALT:

En hjemløs ser trist på de forbipasserende

Alle har tilsyneladende travlt.

Det har han ikke selv.

Han står på en gågade med sine aviser

strategisk placeret ved et varehus

med det formål at sælge sine aviser

Fortjenesten ved salget er lille.

Egentlig betyder det ikke så meget.

Han vil jo bare accepteres som hjemløs

respekteres som det menneske han er

Reaktionerne på ham er mange.

Nogle er åbenlyst forargede.

Andre er ligeglade og ser ham ikke.

Der er også dem, der er forlegne.

Enkelte af dem har også ondt af ham.

Reaktionerne har noget til fælles.

De så helst han slet ikke var der.

Der findes dog undtagelser.

Det er de få som forstår

som ikke føler sig hævet over ham

de få som betyder alt

som gør, at han ikke giver op

de få som får ham til at stille op

på præcis det samme sted hver morgen.

ALDERENS FORBANDELSE:

Det er formiddag

Hendes ben er tunge,

men hun har heldigvis sin rollator

Hun må af sted,

mens gaderne er tomme

Her går hun ikke i vejen

for alle de travle mennesker

Mennesker som er drevet frem af formål,

som giver deres liv mening

Hun skal bare fordrive tiden.

Alderen har gjort hende overflødig,

men hun har stadig brug for påskønnelse

Nu må hun altså af sted

i håbet om et venligt blik fra én på sin vej

Det vil gøre hele forskellen.

Men angsten holdet hende tilbage.

Hendes rollator skræmmer mange.

Den minder dem om deres egen skæbne.

Hun frygter at blive undgået.

Måske skal hun hellere vente med at gå ud.

I morgen bliver det hele sikkert meget bedre.

TILBAGE TIL BEGYNDELSEN:

Hun befinder sig på et plejehjem.

Det har hun efterhånden gjort i nogle år.

Nu sidder hun i sin lænestol.

Hendes ben kan ikke længere bære hende,

men hendes kørestol er der for hende

Det samme er personalet såmænd.

Hun tænker tilbage i tiden.

Der har været både sorger og glæder.

Hun har gjort det godt.

Det synes hun i hvert fald selv

med tanken på samfundets forventninger

Hun har fuldført deres program:

Uddannelse, arbejde, kæreste, mand, børn

for ikke at snakke om børnebørn

og tilegnelse af fast ejendom

Rækkefølgen betyder kun lidt for samfundet.

Bare man fuldfører programmet.

Så er samfundet tilfreds.

Nu føler hun sig overflødig.

Børnebørnene har ikke længere brug for hende.

De er spredt for alle vinde.

Hendes egne børn har heller ikke tid til hende.

De skal fuldføre programmet.

Programmet som hun selv har gennemgået.

Det forstår hun godt.

Hendes liv er ved at rinde ud.

Hun tænker tilbage på den tid,

hvor der var brug for hende

Hun befinder sig godt i fortiden,

og personalet tager sig jo godt af hende

De kan godt fornemme,

at virkeligheden ikke mere er noget for hende

Hun søger stadig længere tilbage i tiden.

Tilbage til den tid hvor hun blev født,

hvor hun ikke skulle bevise noget,

hvor hun blev elsket betingelsesløst

Hun er tilbage ved livets begyndelse.

Livets cirkel er fuldendt.

Den næste morgen lå hun død i sin seng.

Hun var sovet stille ind uden varsel

med et fint lille smil om munden

AT VÆRE ENSOM BLANDT MANGE:

Jeg er stadig et offer, som kæmper imod.

Kampen er ikke min alene

Det oplever jeg dagligt,

når jeg bliver en del af bybilledet

Jeg ser den ældre med sin rollator,

som vandrer planløst rundt

i håbet om at få et venligt blik

eller måske en venlig bemærkning

Så er der den hjemløse med sine aviser,

som han forsøger at sælge

for at opnå menneskelig kontakt

Muslimske kvinder er der også.

Nogle bærer deres hijab med frygt,

bange for at blive nedgjort

for at blive udelukket af fællesskabet

Vi kæmper alle på hver vores måde

Bare jeg kunne være der for dem alle

Det kan jeg bare ikke.

Jeg er selv et offer,

som ikke har lært at sige fra

angsten for at drukne i håbløshedens hav

hindrer mig i at række hænderne frem

og lade dem vide, at de ikke er alene.

MIN FARS HÆNDER:

Hun ligger der så fint, min søster

i sin egen lille barneseng

iført en lyserød ballerina-natkjole

Selv ligger jeg ved siden af

i min egen barneseng

helt forsvarsløs

Jeg fornemmer en sur lugt.

Min far er kommet ind i værelset.

Han kommer hen imod os.

Hans hænder nærmer sig

som store gribekløer

Hænderne griber min søster.

Min far opdager jeg er vågnet:

"Hun skal bare med ind og se fjernsyn":

Hans stemme er unaturlig sød,

men nu kan jeg sove roligt videre

fri for frygt for hans hænder

de hænder som gør det unævnelige

DE SVÆRE FRAVALG:

Jeg har mødt mange kvinder i mit liv

unge piger som siden blev til kvinder

piger som vil have været der for mig,

da jeg skulle tage en uddannelse

og efterfølgende få et arbejde

Familie kunne det også have ført til.

Jeg fravalgte dem alle, men hvorfor?

Siden fulgte der andre kvinder,

seksuelt tiltrækkende kvinder

men heller ikke så meget andet

Dem valgte jeg også fra, men hvorfor?

De moderlige typer var der også

Kvinder som ville forsørge mig

give mig den omsorg og nærhed,

som jeg ikke fik i barndommen

Disse kvinder var sværest at fravælge.

Jeg kunne være flygtet ind i dem alle.

Alligevel gjorde jeg det ikke.

Det ville have været en flugt

en flugt fra en kamp,

som jeg skulle udkæmpe alene

for at blive et frit og helt menneske

og ikke et menneske, som kun var født

til at dække et andet menneskes behov

Det var den rolle i livet,

som min far havde tiltænkt mig

HARBOE, MIN VEN:

Du er min ven, Harboe.

Jeg elsker dig.

Altid er du der for mig,

og du er ikke alene

Der findes mange som dig,

som altid er der for mig

Jeg er aldrig alene.

Svigter en af jer,

så vil den næste allerede stå parat

Virkeligheden bliver fjern,

jo mere jeg er sammen med jer,

jo flere jeg er sammen med

Jeg lever i min egen verden,

hvor jeg føler mig levende,

men alt har sin tid

Det er på tide at sige godnat,

selv om jeg elsker jer

I morgen venter en ny virkelighed,

som jeg skal forholde mig til,

hvis jeg ikke skal miste mig selv,

som det menneske jeg nu engang er

HARBOE, MIN SAMFUNDSHJÆLPER:

Du hjælper mig igennem livet, Harboe.

Til gengæld forventer du min loyalitet.

Jeg må ikke hengive mig til andre drikke.

Du repræsenterer en genstand.

Det er på den måde, du hjælper mig.

Du efterlader en kapsel,

hver gang jeg lukker dig ind.

En kapsel som jeg gemmer på et sted,

som udelukkende er forbeholdt dig.

Det bliver til flere kapsler på en dag.

Dagen efter bliver I talt op.

Jeres antal bliver skrevet ned.

På den måde holder jeg styr på jer

hver eneste dag alle årets dag.

Bliver I til for mange på en dag,

så ved jeg, at jeg skal holde igen.

Du gør mit liv tåleligt, Harboe.

Det respekterer jeg dig for.

FANGET AF NATTEN:

Lige med ét vågner jeg.

Det er midt om natten.

Pludselig er jeg lysvågen.

Alting virker klart for mig.

Bearbejdede drømme viser sig for mig.

Drømmenes analyser virker indlysende,

men er det alligevel ikke

Jeg føler, at jeg er fanget i en fælde.

Mit åndelige forsvar virker ikke.

Forsvaret som jeg bygger op om morgenen

Værnet som skal bringe mig igennem dagen

Sikre at jeg ikke mister mig selv,

så jeg kan komme videre i hverdagen

Jeg bliver ramt af modløshed.

Hvorfor kan jeg ikke få fred om natten?

Er det for meget forlangt?

Spørgsmålene trænger sig på.

Jeg forsøger at falde i søvn.

Omsider falder jeg i søvn.

Alligevel vågner jeg flere gange.

Tynget af den samme klarhed,

som jeg ikke kan forsvare mig imod

Den nye hverdag virker uoverskuelig.

AT FINDE HÅBET:

Jeg kæmper dagligt for at finde håbet

Det håb som kan føre mig videre i livet

håbet som kan vække mig om morgenen

og give lige præcis mit liv mening

Jeg spejler mig i andre

i håbet om at finde svaret,

men jeg ser kun deres stræben

efter overfladiske værdier

værdier som ingen andre har

materielle goder som kan imponere

som de kan bryste sig af

og få dem til at føle sig som mere

end de andre som slet ingenting har

Det er ikke her jeg skal finde mit håb.

Jeg må finde min egen vej.

FLYDERNE:

Vi kender dem alle,

de mennesker som jeg kalder ”Flyderne”

dem der altid flyder med strømmen

som altid bevæger sig på en overflade

de mennesker som er sig selv nærmest

mennesker som aldrig ofrer sig for andre

Tilsyneladende mærker de ikke livet.

Nogle vil også kalde dem for ”Overleverne”

Det vigtigste er tilsyneladende at overleve

uanset hvor meget andre lider

De betragter ikke sig selv som ”Flydere”,

men som samfundets elite,

der har retten til at nedgøre andre,

som lader sig styre af deres hjerter

Jeg selv mærker livet alt for meget

”Flyderne” får mig til at føle mig alene,

fordi de gør alt for at blive hørt og set

De taler fornuftens sprog,

mens vi andre taler følelsernes sprog

Der er nemlig andre som mig selv.

De vinder på det ydre plan,

mens vi andre vinder på det indre plan

Bare vi kunne finde et fælles sprog.

DE LEVENDE DØDE:

Måske hører du selv til dem.

Du ved det bare ikke selv.

Sådan har det ikke altid været.

Der var engang for mange år siden,

hvor du blev båret oppe af drømme

I dit hjerte troede du på,

at du kunne gøre en forskel

Dine øjne lyste af håb og forventninger

Du ville være der for dem,

som havde det svært i livet

Med tiden forsvandt gløden fra dine øjne

Det evige nærvær blev en byrde.

Livet kom alt for ofte for tæt på.

Overblikket og drømmene forsvandt.

Du følte ikke, at du kunne ånde,

men fandt en måde at overleve på

Du lærte at lukke af for alt det,

som gjorde ondt i sjælen

Dit hjerte blev koldt og uforsonligt

og kun tilgængeligt for dine nærmeste

Med årene fandt du en plads i livet,

hvor du følte dig påskønnet og elsket

Bekvemmeligheden tog plads i dit liv.

Det samme gjorde forudsigeligheden.

Til at begynde med føltes det rart,

men nogle gange længes du tilbage

Du længes tilbage til en tid,

hvor du følte dig levende,

og dit hjerte hoppede af glæde

ved tanken om at kunne gøre en forskel

DECEMBER MÅNED:

Det er blevet december måned.

Måneden hvor jeg mister mig selv

som et særligt sensitivt menneske

Det er blevet fællesskabets måned.

Her står forventningerne i kø.

Forventninger som overvælder mig,

som jeg bliver bombarderet med,

som jeg ikke kan leve op til

Jeg kan ikke ånde

Jeg føler, jeg bliver kvalt.

BØRNENES JUL:

Du kan ikke undgå at se det,

når du kommer ind i stuen

Juletræet med sin centrale placering

Omfavnet af lyskæder

Flankeret af levende lys

Og kugler som lyset kan spejle i.

Det er et træ, som tiltrækker.

Stjernen i toppen fuldender billedet.

Du bliver fanget af magien.

Nu kommer forældrene ind.

Efterfulgt af bedsteforældrene.

Der bliver lagt gaver under træet.

Juletræet begynder at falme.

Det glitrende gavepapir overskygger alt.

Børnene følger med på afstand.

De sidste gaver bliver lagt.

Nu farer børnene hen til træet.

Hvor mange gaver mon de hver især får?

De levende lys bliver tændt.

Tiden er inde at gå rundt om juletræet.

Der skal synges julesange.

Det bliver kun til få.

Børnene vil have deres julegaver.

Julegaverne bliver delt ud.

Forældrene kigger stolt på hinanden

og på bedsteforældrene i det skjulte

De har gjort det godt.

Alle børnenes ønsker er blevet opfyldt.

Børnene flår gavepapiret af.

De ænser knap nok indholdet.

Der skal bare pakkes op.

Børnene samler gaverne omkring sig.

Hvor mange mon der er?

Og hvad har de kostet?

Heldigvis åbner skolen snart.

Gavehøsten har været tilfredsstillende.

De har gjort det godt.

Det skal fortælles til kammeraterne.

ODE TIL NUMSEMANDEN:

Du skal elske og ære din Numsemand.

Misbrug ham aldrig til formål,

som han ikke er skabt til at udføre

Numsemanden er ikke skabt til kærlighed.

Han befrier din krop for affaldsstoffer.

Stoffer som er til skade til for din krop.

Forstyr ham aldrig i dette arbejde.

Bloker aldrig hans numsehul.

Før aldrig genstande ind i det.

Lad der altid være fri passage.

Numsemanden vil kun dit bedste.

Hans immunsystem vil blive svækket,

hvis han føler du svigter ham

Han består af normale celler.

Celler som kan ændre sig med dit svigt.

Celler som kan ændres til kræftceller.

Celler som vil gøre dig dybt ulykkelig.

HYLDEST TIL OLE HENRIKSEN:

Ole. Ole. Ole.

Du, min dejlige "Cremekonge".

Dit feminine væsen betager mig.

Jeg elsker alt ved dig.

Jeg vil være lige som dig.

Lad os smelte sammen for altid.

Dine cremer viser mig vejen,

Men alligevel er det ikke nok.

Hvor bliver lykkecremen af?

Cremen, som for altid skal forene os.

Hold mig ikke hen mere, Ole.

Kom nu frem med glidecremen.

Lad mig ikke vente længere, min elskede.

Udtrykt af en anonym homoseksuel mand

HYLDEST TIL CLEMENT KJE...:

Du er en elsket mand,

når du på TV`et dukker frem.

Dine læber betager os alle,

når de åbner sig og lukker i.

Det bliver bare ved og ved,

og vi elsker det alle.

Dine ord betyder intet,

men dine læber betyder alt.

Indbydende som skamlæber,

når de folder sig ud.

Læber som bare venter,

men på hvad?

Er det mon mit våde lem?

Det håber jeg.

Det er nok bare en drøm,

men det betyder intet.

Mit stive "jern" udløses alligevel,

når du på TV´et dukker frem.

Udtrykt af en anonym homoseksuel mand

FORFATTERPORTRÆT:

Mit navn er Kai Riesendorf.

Jeg er født i 1958 i Fiskens tegn (20. februar). Min barndom tilbragte jeg i et følelsesmæssigt afstumpet bondemiljø. Her var det forbudt at vise følelser, og gjorde man det, var det et tegn på svaghed. Så duede man ganske enkelt ikke.

Alligevel havde jeg et stærkt behov for at give udtryk for mine følelser allerede som ganske lille. Det vat først som 59-årig, at jeg fandt ud af, at det skyldes, at jeg er særlig sensitiv.

Denne opdagelse førte til dannelsen af bloggen: HSP-person.com.

Min særlige sensitivitet betyder, at jeg er mere modtagelig for alle mulige slags sanseindtryk fra omgivelserne af end "normalt" og derfor let bliver overstimuleret.

Det betyder også, at jeg nogle gange kan fornemme/mærke, hvordan andre mennesker føler uden egentlig at ville det.

I praksis betyder det, at jeg har brug for meget alenetid for at kunne få bearbejdet dette overskud af sanseindtryk. Det er denne bog et udtryk for.